1 Juin 1907

VENTE

Du Samedi 1er Juin 1907

HOTEL DROUOT, SALLE N° **10**

à deux heures

Collection de M. W. H. S.

Anciennes Porcelaines

DE LA CHINE

BRONZES, JADES, CRISTAUX DE ROCHE

COMMISSAIRE-PRISEUR

Mᵉ F. LAIR-DUBREUIL

EXPERT

M. LAURENT HELIOT

CATALOGUE

DES

ANCIENNES

PORCELAINES DE LA CHINE

Potiches, Vases, Cornets
Bouteilles, Statuettes, Plaques, Bols, Plats, etc.

Décorés en bleu et en polychrome

JADES, CRISTAUX DE ROCHE, AMÉTHYSTES

Vase et Collier en Ambre

BRONZES, ÉMAUX CLOISONNÉS

Composant la Collection de M. W. H. S

ET DONT LA VENTE AUX ENCHÈRES PUBLIQUES AURA LIEU

HOTEL DROUOT, SALLE N° 10

LE SAMEDI 1er JUIN 1907

A DEUX HEURES

COMMISSAIRE-PRISEUR	EXPERT
Me F. LAIR-DUBREUIL	M. LAURENT HÉLIOT
6, rue Favart	62, rue de Clichy

EXPOSITION PUBLIQUE

Le Vendredi 31 Mai 1907, de 1 heure 1/2 à 5 heures 1/2

CONDITIONS DE LA VENTE

Elle sera faite au comptant.

Les adjudicataires payeront *dix pour cent* en sus des enchères.

Paris.—Imp. de l'Art, Ch. Berger et Cᵉ, 41, r. de la Victoire.

DÉSIGNATION

1 — Petit vase-rouleau, décoré de personnages dans un paysage en émaux de couleur ; bordure fond caillouté et fleurs sur l'épaulement ; tige de bambou sur le col. Epoque Kang-hi.

2 — Petit vase, forme bouteille, orné de deux anses au col, couverte bleu turquoise. Epoque Kien-lung.

3 — Petit vase ovoïde, décoré polychrome : personnages et fleurs sur fond blanc. Epoque Yung-tchen.

4 — Petit vase ovoïde, décoré de deux personnages et arbres sur fond blanc ; bordure mosaïque sur l'épaulement. Epoque Kang-hi.

5 — Petit vase cylindrique, décor de modèles de vases avec fleurs et fruits aux cinq couleurs ; bordure à l'orifice et à la base.

6 — Petit vase, de forme turbinée, à goulot étroit, décoré de poissons en bleu et rouge de cuivre sur fond blanc. Epoque Kang-hi.

7 — Petit vase cylindrique, décoré de personnages et arbres polychromes ; bordures sur l'épaulement ; fond mosaïque et médaillons ornés de fleurs. Epoque Kang-hi.

8 — Petit vase, décoré de fleurs, oiseaux et papillons sur fond blanc. Epoque Yung-tchen.

9-10 — Paire de petits pots à gingembre, décorés d'ustensiles en bleu sur blanc ; couvercles en bois. Epoque Kang-hi.

11 — Divinité tenant un enfant sur ses genoux ; blanc de Chine. Epoque Kien-lung.

12 — Petit vase ovoïde, couverte fond brun, mélangé de limaille de fer. Epoque Kien-lung.

13 — Petit vase, en forme de gourde plate, percée au centre, dragon en relief, émail bleu turquoise.

14 — Petite coupe surbaissée, décorée sur la panse de salamandres et bordure en forme de grecque, couleur lie de vin sur fond blanc. Epoque Yung-tchen.

15 — Un bol, à décor d'attributs boudhiques, en couleur sur fond blanc. Epoque Kien-lung.

16-17 — Deux bols, décorés de rinceaux fleuris et bordure en forme de grecque. Epoque Kien-lung.

18-19 — Paire de bols fond céladon vert d'eau, décorés d'un soleil et de vagues, avec rocher bleu et rouge de cuivre. Époque Kang-hi.

20-21 — Deux bols décorés de trois poissons rouge de cuivre sur fond blanc. Époque Kang-hi.

22 — Vase à large ouverture à panse renflée avec clous en relief, couverte rouge sang de bœuf Lan-yaö. Époque Kang-hi.

23 — Vase à panse renflée, col légèrement évasé, couverte rouge haricot. Epoque Yung-tchen.

24 — Bouteille à long col, couverte rouge cerise. Époque Yung-tchen.

25 — Vase ovoïde à panse renflée et col légèrement évasé, dragon en rouge de cuivre dans des rinceaux de fleurs en bleu et rouge de cuivre sur fond blanc, bordure grecque en bleu à l'orifice et à la base. (Socle en bois.) Époque Tao-kouen.

26 — Bouteille décorée en rouge de cuivre formant les flots de la mer et rehaussée de personnages en bleu. Époque Kien-lung.

27 — Vase ovoïde, couleur bleu, peau de serpent, anses en forme de vases en relief. Époque Kien-lung.

28 — Vase à vin, en forme de gourde, panse aplatie, ornée de deux anses, couverte peau de serpent. Époque Yung-tchen.

29 — Vase ovoïde, couverte de la couleur dit peau de serpent. Époque Kien-lung.

30 — Vase, forme bouteille, couleur bleu uni foncé. Époque Kien-lung.

31 — Bouteille couverte, fond bleu uni. Époque Kien-lung.

32 — Vase à panse turbiné, col rétréci à couverte flambé grisaille. Époque Kien-lung.

33 — Vase forme amphore, couverte dite clair de lune, avec tache rouge.

34 — Vase balustre à large ouverture, couverte rouge sang de bœuf. Époque Kien-lung.

35 — Vase quadrilatéral, fond jaune impérial,
ornements grecques en relief sur chacune
des faces. (Socle en bois.) Epoque Kien-
lung.

36 — Vase quadrilatéral, à pied et goulot arrondi,
anses à têtes d'éléphant, couverte bleu foncé.
(Socle en bois.) Epoque Kien-lung.

37 — Bouteille à renflement arondi au goulot,
couverte rouge haricot. Epoque Kien-lung.

38 — Grand vase, couverte rouge haricot, avec
anses formées par des têtes d'éléphant. Epoque
Kien-lung.

39 — Petite assiette, décorée au centre de deux
personnages sur un cheval dans un paysage.
Sur la bordure, papillons et fleurs en émaux
de couleur sur fond blanc. Epoque Kang-hi.

40 — Plat creux, décoré au centre de trois chi-
mères jouant avec la boule en émaux de
couleur sur fond rouge d'or et de rinceaux
gravés. Epoque Kien-lung.

41 — Coupe à fruits, à piédouche couleur rouge
haricot. Epoque Kien-lung.

42-43 — Deux bols, couverte rouge haricot.
Epoque Yung-tchen.

44-45 — Deux bols, fond blanc, décorés de chi-
mères et rosaces aux trois couleurs ; bordure
et chimère à l'intérieur. Epoque Ming.

46 — Grand bol, fond jaune serin uni. Epoque
Kang-hi.

47 — Grand plat, à décor de rosaces en bleu,
rouge de fer et or, sur fond blanc. Fpoque
Kang-hi.

48-49 — Deux plats creux, décorés au centre
d'un panier fleuri et bordures a fond bleu au
pourtour, ornées de quatre médaillons décorés de fleurs et papillons, sur fond blanc en
polychrome ; sur le rebord, fleurs et ornements boudhiques en bleu et rouge de cuivre.
Epoque Kang-hi.

5o — Pot à gingembre, fond capucine, orné de
trois médaillons à fond blanc, décoré de
fleurs et papillons en émaux de couleur, rosaces en rouge entre les médaillons. (Couvercle et socle en bois.) Epoque Kang-hi.

51 — Garniture de trois pièces, composée de deux potiches et un petit cornet, couverte fond capucine, à médaillons de fleurs sur fond blanc.

52 — Petite bouteille à vin, décor dragons, couleur peau de pêche sur fond blanc. Epoque Kang-hi.

53 — Bouteille ornée de quatre médaillons formés par des dragons en rouge de cuivre sur fond blanc; bordure sur l'épaulement et à la base, en forme de grecque, rinceaux et palmes au goulot.

54 — Bouteille à panse surbaissée, décorée de palmes et rinceaux en rouge de cuivre; bordure en forme de grecque à la base, et, sur l'épaulement, palme ·et bordure grecque au col. (Socle en bois.) Epoque Kien-lung.

55 — Vase de forme turbinée et à goulot rétréci, décoré de dragons en rouge de cuivre à la base, les flots de la mer; grecque sur l'épaulement. Epoque Kien-lung.

56 — Bouteille de forme ovoïde, décorée du dragon impérial à cinq griffes, nuages et flots de la mer en bleu et rouge de cuivre sur fond blanc. (Socle en bois.) Epoque Kien-lung.

57 — Grand vase de forme cylindrique, décoré
de dragons alternant dans les flammes en
rouge de cuivre sur fond blanc à la base, deux
bordures, l'une formant les vagues en bleu
et ornée de fleurs en rouge de cuivre. Autre
bordure, ornée de rinceaux fleuris en bleu et
rouge de cuivre ; le haut du col est orné d'oiseaux symboliques dans des rinceaux fleuris
de même couleur. Epoque Yung-tchen.

58-59 — Paire de gargoulettes à long col, fond
blanc, décorées de trois animaux chimériques couleur pêche. (Socle en bois.) Epoque
Kang-hi.

60-61 — Paire de petites gargoulettes à larges
zones de rinceaux fleuris, décor polychrome
sur fond blanc. Epoque Kang-hi.

62-63 — Deux globes en porcelaine mince, décorés de dragons, fleurs et rinceaux en couleur sur fond blanc, grecques à la base et
au col.

64 — Vase ovoïde, col légèrement évasé, à rebord plat, fond vert clair, à rinceaux de fleurs
et papillons, ornements boudhiques. A la
base, ornements en forme de grecques. (Socle
en bois.) Epoque Kien-lung.

65 — Vase en forme de bouteille à deux anses
formées par des dragons fond bleu turquoise,
rehaussé de rinceaux fleuris bordés d'or, grecques à l'orifice et à la base. (Socle en bois.)
Époque Tao-kouen.

66 — Petite potiche à fond blanc, décorée de
fleurs et oiseaux sur rocher en couleur.
(Couvercle et socle en bois.) Époque Kien-
lung.

67 — Pot à gingembre, décoré de fleurs polychromes, sur fond blanc ; bordure sur l'épaulement, fond vert piqué, rinceaux fleuris,
ornés de quatre petits médaillons fleuris sur
fond blanc. (Couvercle et socle en bois.)
Epoque Yung-tchen.

68 — Grand vase cylindre, décoré de personnages, femmes et enfants autour d'une table,
modèles de vases, ornements au col. Époque
Yung-tchen.

69 — Potiche avec couvercle, à décor de fleurs et
oiseaux, avec bordures sur l'épaulement,
ornées de rinceaux fleuris et bordure à la
base. (Socle en bois.) Époque Kang-hi.

70 — Potiche, décorée de fleurs et faisans sur rochers, bordure sur l'épaulement en forme de grecque, et à la base légère bordure en rouge de cuivre. (Couvercle et socle en bois.) Époque Kang-hi.

71 — Potiche à fond blanc, décorée de fleurs et oiseaux en émaux de couleur. (Couvercle et socle en bois.) Époque Ming.

72-73 — Paire de potiches, à décor de dragons dans les flammes au-dessus des flots de la mer, émaillées aux cinq couleurs. (Couvercle et socle en bois.) Époque Ming.

74 — Grand cornet, décoré d'arbres, fleurs, oiseaux et animaux dans un paysage, décor bleu sur blanc. Époque Kang-hi.

75 — Même vase que le précédent. Époque Kang-hi.

76 — Grand cornet, décoré d'arbres, oiseaux et animaux en bleu sur blanc. Époque Kang-hi.

77 — Vase rectangulaire céladon clair, orné de rinceaux sous émail et de deux médaillons sur chacune des faces, orné de fleurs sous émail, palmes et grecques, anses carrées en forme de tubes. (Socle en bois.) Époque Kien-lung.

78 — Vase de forme cylindrique, fond blanc
crème craquelé, dit pâte tendre, orné de rinceaux et fleurs sous émail ; bordure en forme
grecque sur l'épaulement, palme et bordure
au col et à la base. Epoque Yung-tchen.

79 — Vase-rouleau, couverte bleu fouetté uni.
Epoque Kang-hi.

80-81 — Paire de potiches avec leurs couvercles
en bleu fouetté uni. Epoque Kang-hi.

82 — Gargoulette à long col, couverte bleu
fouetté. (Socle en bois.) Epoque Kang-hi.

83 — Grand cornet à couverte fond bleu fouetté
rehaussé de fleurs et oiseaux, et animaux
chimériques en dorure dans des médaillons.
(Socle en bois.) Epoque Kang-hi.

84 — Un pot en grès, fond vert camélia, décoré
de fleurs en relief en jaune et manganèse,
orné de cinq anneaux sur l'épaulement.
Epoque Ming.

85-86 — Deux lions en vieux grès de la Chine,
couverte vert flambé. Epoque Ming.

87 — Pot en terre vernissée et irisée. Epoque
des Han.

88 — Autre vase de même forme, même époque. Dynastie des Han.

89 — Vase en grès à couverte, fond vert foncé irisé, col légèrement évasé orné de deux anses, têtes chimériques sur la panse du vase et à zones cerclées sur l'épaulement. Dynastie des Han.

90 — Grand vase en terre vernissée, fond vert à reflets irisés, sur chaque côté du vase deux formées par des têtes de lions, anses avec anneaux. Dynastie des Han.

91 — Grand vase à panse sphérique en terre vernissée et cerclé en creux, orné de deux anses à têtes chimériques, fond vert antique et irisé. Dynastie des Han.

92 — Jade blanc verdâtre. Vase de forme ovoïde, à panse aplatie, sculpté en haut relief d'arbres et cigognes, anses ajourées, avec couvercle. (Socle en bois de fer.)

93 — Jade blanc verdâtre. Vase de forme ovoïde, à panse aplatie, sculpture en forme de grecque et dragon en haut relief autour du col, avec couvercle. (Socle en bois de fer.)

94 — Jade blanc verdâtre. Bloc représentant une barque, avec arbre et personnages, vase de fleurs et animaux. (Sur pied bois de fer simulant les flots de la mer.)

95 — Jade blanc verdâtre. Bloc formant rocher, enfant et personnage : le Dieu de Longévité, avec son accis sculpté en relief. (Socle en bois de fer.)

96 — Jade blanc verdâtre. Vase avec couvercle, à panse ovoïde aplatie, salamandre sculptée en relief sur les côtés, sur les faces des têtes chimériques et palmes. Le vase est suspendu par une anse taillée dans le bloc. (Pied bois de fer.)

97 — Jade blanc gris. Boîte carrée, ornée de signes boudhiques sur les quatre faces et rosaces sur le couvercle gravé et sculpté. (Pied bois de fer.)

98 — Jade blanc verdâtre. Vase avec couvercle de forme ovale et à piédouche, finement gravé et sculpté de fleurs sur les côtés et les faces, arêtes saillantes sculptées à jour ; au col, anses avec anneaux mobiles. (Pied bois de fer.)

99 — Petite coupe en jade blanc, entourée de fleurs sculptées à jour et en relief. (Pied bois de fer.)

100 — Jade gris. Étuis à pinceaux en forme de tronc d'arbre, sculpté en relief. (Pied bois de fer.)

101 — Jade blanc. Petit vase de forme aplatie, rocher et flots de la mer sur lequel sont posées des cigognes sculptées en relief, anses au col du vase.

102 — Jade gris. Petit vase avec couvercle de forme aplatie et à deux anses, arbres et oiseaux, sculpté sur les faces. (Pied bois de fer.)

103 — Cristal de roche fumé. Grand bloc carré surmonté d'un chien de Fô, sculpté et gravé.

104 — Cristal de roche. Petit vase ovale aplati, avec couvercle, salamandres sur les côtés sculptées en relief.

105 — Cristal de roche blanc. Vase de forme arrondie et à deux anses, avec couvercle surmonté d'une chimère, sur pied de même matière.

106 — Cristal de roche blanc. Encrier avec couvercle, orné de branches de lintchy en relief, repercé à jour. (Socle bois de fer.)

107 — Bloc d'améthyste, fruits et fleurs, sculpté en relief. (Pied bois de fer.)

108 — Autre bloc d'améthyste, fruits et fleurs sculpté. (Pied bois de fer.)

109 — Bloc de fruits, améthyste sculptée. (Pied bois de fer.)

110 — Cristal de roche rosé. Vase ovoïde de forme aplatie, col étroit, avec anses à tête chimérique et anneaux mobiles, animaux et oiseaux dans un paysage sculpté sur les faces, avec couvercle surmonté d'un chien de Fô. (Pied bois de fer.)

111 — Cristal de roche rose. Grand vase avec couvercle, anses avec anneaux mobiles de forme ovale et aplatie, palmes et sculpture sur les faces. (Pied de bois de fer.)

112 — Avanturine. Vase de forme ovale aplatie avec couvercle, surmonté d'un chien de Fô, fleurs et rinceaux, sculpté sur les faces. (Pied bois de fer.)

113 — Ambre rouge. Vase formé de deux tubes et accouplés par un dragon et un oiseau, salamandres et accis en relief et à jour sur les côtés. (Pied bois de fer.)

114 — Jade vert émeraude et blanc. Petit vase à panse surbaissée avec couvercle, anses avec anneaux mobiles, palmes et grecque sculptées. (Pied bois de fer.)

115 — Jade vert émeraude. Petit vase de forme carrée, avec couvercle et anses, branche de bambou sculpté. (Pied bois de fer.)

116 — Jade vert émeraude. Petit vase de forme carrée et ouverture évasée, anses têtes d'éléphant, anneaux mobiles, fleurs sculptées sur les faces. (Pied bois de fer.)

117 — Coupe, feuille de lotus avec bouton de fleurs, jade vert foncé.

118 — Petit bloc de jade gris et rouge, arbre en fleurs et accis sculptés.

119 — Collier en jade vert émeraude. Environ cinquante petits grains ronds.

120 — Améthyste. Collier se composant d'environ cinquante grains en forme d'olive.

121 — Cristal de roche blanc. Collier se composant d'environ cent-dix grains ronds, dont deux plus gros.

122 — Ambre jaune. Collier se composant de cent-huit grains ronds, plus quatre boules en cristal améthyste.

123-124 — Deux boucles de ceinture en cuivre, ciselé et incrusté de pierres de couleurs.

125 — Bronze. Vase de forme balustre, à patine brune vertdegrisée, ceint de trois cercles, à hauteur de l'épaulement deux anses, mascaron, têtes chimériques. Epoque Ming.

126 — Bronze. Grande coupe libatoire, à patine brune sur trois pieds autour de la panse ; un cercle orné de poissons et rinceaux. Epoque Ming.

127 — Bronze. Brûle-parfum sur trois pieds et à deux anses, ornements chimériques, gravé et incrusté or et argent. Couvercle et socle en bois de fer. Epoque Ming.

128 — Bronze. Cloche de forme ovale, ornée de clous en relief et grecque gravée. Epoque Ming.

129 — Bronze. Vase de forme balustre à patine brune, ceint de trois bandeaux plats, à hauteur de l'épaulement deux anses mascarons. Epoque Ming.

130 — Bronze. Deux vases, accouplés de forme olive. Une ornementation très saillante offre un dessin coudé qui se prolonge en têtes d'oiseaux chimériques, dont le plumage flot-

tant relie les deux corps du vase. La patine
brune est avivée par de larges plaques d'or
mélangées au bronze ou y incrustées par en-
droit de massifs, rehaut de métal précieux.
(Soc'e en bois sculpté.) Epoque Kang-hi.

131 — Bronze. Coupe à sacrifice, sur trois pieds
à têtes chimériques. Poignée à tête de dragon. Epoque Song.

132 — Bronze. Brûle-parfum de forme surbaissée à deux anses formées par des dragons,
patine fond clair, pailletée d'or. (Socle et
couvercle bois de fer.) Epoque Kang-hi.

133 -- Bronze. Vase quadrangulaire de forme balustre, garni de deux anses, anneaux mobiles;
il est richement incrusté d'un dessin archaï-
que en argent et émail vert, avec bordure au
col niellé argent. Epoque Song.

134 — Cloisonné. Petit brûle-parfum en ancien
émail cloisonné de la Chine, sur trois pieds,
têtes chimériques, orné de deux anses, formées
par des salamandres en cuivre ciselé et doré,
le couvercle est surmonté d'un bouton en
cuivre ciselé et ajouré. (Socle en bois.) Epoque Kang-hi.